JN418643

# 물에 뜬 달

# 물에 뜬 달

황구하 시집

詩와에세이
2011

차례__

## 제1부

## 제2부

## 제3부

## 제4부

# 제1부

# 벚꽃 진다

저 검은 몸속 어디

하늘로 가는 길 은밀히 뚫어 놓았나

여의주 문 물고기 한 마리

지금 막 헤엄쳐 나간 게 분명하다

시리디시린 하얀 비늘들

저리 환히 쏟아지는 걸 보면

# 젖무덤

경주 봉황대 앞 잔디밭에 앉아 있다
소매 끝에 가시 하나 꽂혀 있어
무심코 집어 뺐더니
찔끔, 개나리꽃빛 물 터져 나왔다
그러고 보니 벌레 두 마리 머릴 맞대고
무슨 궁리라도 하는 중이었는지
한 마리 사라지니 남은 한 녀석
제 몸 꼿꼿이 세워
영락없는 도깨비바늘을 세우는 것이다
그걸 손으로 떼어내자니
찰나, 또 흔적도 없어지면 거듭 미안한 일
그렇다고 소매 끝에 계속 달고 있자니
저도 몸 누일만한 언덕이거나
미덥기가 엄마 품만큼은 되어야
집 한 채 틀지 싶은 것이다
가만히 손을 내려놓고
천 년 느티나무 그윽하게 젖 물리고 있는

봉황대 한참 마주하자니
그 벌레, 제 몸 밀고 밀어
손등을 내려가고 있었다
낮게 낮게 나를 끌고 가고 있었다

# 박태기나무

한 계절을 굶주리고도 여자는 배가 부르다

수천수만 송이 꽃알 단박에 낳고
또 입덧을 하고 있다

집 천장 높지 않아도 새로 돋는 별
자잘한 가지에도 하늘이 걸린다

폭설 지나 빗물 속으로 녹아내리는
붉은 구름 태기가 슬어
햇빛 한 줌
바람 한 숨통 들이키며
열두 달을 거느린 수척한 얼굴

난생 누대의 뿌리로부터
피가 돌고 있었던가
투두둑 터져 나오는 꽃알 꽃알 몽우리

세상 모든 꽃의 자식들
지느러미 살랑이며 돌아오고 있다

아무것도 먹지 않아도 크음큼 배가 부른 여자

# 개나리

잠시, 비 그친 오후

사고다발지역 표지판 옆
꽃들이 무엇을 감식하는지
노란 전조등 일제히 켜들고 있다

봄의 길엔 연착이 없다
또 한 계절 잘 자란 줄기들이
허공의 도로를 타고 넘는다

질주하는 바람 몇 자락
몸에 두르고
붉은 빗물 털어낸다

도로와 표지판 사이
어떤 죽음도 표시되지 않는
빛나는 찰나를 위해

## 힘껏 햇빛을 쏜다

# 봄의 채널을 돌리다

제비가 햇볕 물어와 제비꽃 피웠습니다 왕제비꽃, 각시제비꽃, 고깔제비꽃, 낚시제비꽃, 벌레잡이제비꽃, 홍학제비꽃, 금강제비꽃, 장백제비꽃, 졸방제비꽃, 햇볕 당겨와 꽃제비 날게 합니다 왕꽃제비, 매춘꽃제비, 덮치기꽃제비, 쓰레기꽃제비, 완구당꽃제비, 형님꽃제비, 뻑다구꽃제비,

올봄 전례 없이 꽃, 제비 환하게 하늘땅 수놓습니다 그동안 잘 볼 수 없었던 눈제비꽃, 삼색제비꽃, 먼둥뫼제비꽃, 서울제비꽃, 섬제비꽃, 왜제비꽃, 미국제비꽃, 아프리카제비꽃 만발하고 멸종되었다고 알려진 아프리카꽃제비, 미국꽃제비, 왜꽃제비, 섬꽃제비, 서울꽃제비, 먼둥뫼꽃제비, 삼색꽃제비,

눈꽃제비 무궁무궁 날아들어 봄으로 가는 길, 몸살을 앓고 있습니다 멀미하는 보릿고개 옛말이 되었답니다 살뜨물 끊긴 지 오래인데도 일년내내 빵조각 찾아 삼천

리 천지사방 노인제비, 청제비, 꽃제비 한창입니다

# 물에 뜬 달

강이나 바다나 호수나
물에 뜬 달은
마음을 끌고 간다

봄, 여름, 가을, 겨울
어두운 하늘을
한 꺼풀 한 꺼풀 벗겨내며
물의 경전으로 필사하는 동안

누구도 읽어내지 못한
속내를 환히 드러내고
하늘과 물결 사이
빗자루 자국 선명한 몸으로
흐느적흐느적 헤엄쳐 간다

그곳이 어디든
마지막 어둠까지 다 내려놓고

또 다른 몸에 스미어
한 몸을 이루는
허공의 달
환한 그림자를 끌고 간다

강이나 바다나 호수나
물에 뜬 달은
캄캄한 세상을 끌고 간다

# 낙강범월시를 받다

닻줄 풀어 시 물결꽃 피우던

칠월 열엿새

앞사람 그림자

출렁출렁 내게 흘러와

일생에 꼭 한번

푸른 물에 장대붓 적시라 한다

낙강 물굽이에

배냇짓하는 붉은 달

둥둥 띄워놓고서

푸른 물에 장대붓을 적시라 한다

* 낙강범월시(洛江泛月詩): 1196년 이규보로부터 1862년 류주목에 이르기까지 열린 「낙강시회」 문인들의 시집

# 둥근 힘

여름내 호박넝쿨 담을 넘더니
옆집 고욤나무 가지에
호박 한 덩이 매달아 놓았다

하늘과 땅 어디에도 기울지 않고
비바람에도 아랑곳없이 허공에 얹혀
흔들며 흔들리며 나아간다

한걸음 뒤로 물러서다가
짐짓 다시 한번 더 바라보는데
좀체 서두르지도 않는다

둥글게 둥글게 힘을 그러모아
하늘은 저렇게 땅을 디딘다

# 홍하문에 가을비 내리다

문경 김룡사 가는 길 관광버스 타고 오신 할머니들 조끼가 일제히 붉다 구불텅한 지팡이가 먼저 길을 짚어도 주름진 얼굴빛 화안하다 활짝 피었다 단풍나무 느티나무 떡갈나무도 찍소리 못하고 빨려 들어간 가슴 한쪽 이름표처럼 슬쩍 달라붙는다 내 뜨락 초록 잡풀 그 참에 모두 지우고 싶어지는데 낮게 낮게 떨어지는 새소리가 어째 좀 젖어 있다 문득 서서 바라보니 홍하문(紅霞門) 어르신 글썽이며 내려다보고 계셨다

# 귀뚜라미

아우르르 운다

백팔 배 올리고 나오는
대웅전 섬돌 아래

고개 떨구고 쭈그려 앉아
견딜만 혀, 목울대만 파르르 떨더니

시월 상강 밤하늘
초승달 미늘 훌쩍 던져지자

실직수당에 걸린
아우

야윈 사지를 뒤틀며
어디로 흘러가는가

섬돌과 초승달 사이
귀가 밝아 몸이 가벼워진

작은 울음통
한껏 열어젖히고

아우르르 운다

# 너도바람꽃

겨우내 잠복해 있다가 불쑥
꽃대궁 밀어 올리는 건
땅속 어둠 때문만은 아니리

은밀히 점령한 추운 기억들
그만 버리고 싶은 것
이렇게 먼 길 걸어오기까지
부은 발 따뜻이 씻어주지 못하리

자꾸만 욱신거리는 몸
결국은 스스로 제 살 찢고
신음소리 내는 것이리

전 생애를 다 바쳐
꽃숭어리 하나 펼쳐 보이는 길
얼마나 처절했기에
저리 환하게 맺혔단 말인가

세상살이 자주 꺾이던
바람은 연둣빛이었으리
무너지는 담장에 기댄
붉은 종양덩어리

너 사는 날까지만 살으리

# 가을볕 참 쨍하다

이제는 통증도 제풀에 지쳤는가
어머니 힘없는 손발이 오수에 잠겨있다
가는 숨결 사이, 나는 일없이 앉아서
창문너머 e—편한세상 보람아파트 위로 내리는
저 가을볕 참 쨍하다, 쨍하다
실눈 뜨며 바라보는 것뿐이었는데
어머니, 두고 온 자갈밭 콩이라도 거두시나
끝물고추 별 아깝다 풀어놓으시나
드리운 그림자 초리초리 달고 있는
저 팔뚝 자꾸만 가벼워지는 것 보면
아예 몸까지 벗어 널어놓고 오시나
끄엉 끙, 힘겹게 돌아누우시자
똠방똠방 제 소리를 세다 놀란 링거
한 생의 햇살을 통째로 흔들고 있다

# 붙박이별

밥맛만 돌믄 살겄는디 웬수노무 배가 한번 아프기 시작허믄 온 삭신이 다 녹아내린다니께 식전 댓바람부텀 엉머구리 울어쌓는 밤중까정 싸목싸목 손톱만큼도 자리 안 바꾸고 만날 요 자리 참말로 잡것이 뱃속에 사는게벼 도대체 누그러들 줄 몰러 요로코롬 사람을 못견디게 괴롭히는 걸 보믄 암, 대장 까치독사 같은 놈 하나 징허게 내 뱃구레 파먹음서 찰싹 달라붙어 있는 게 분명혀…… 올개는 이상허다니께 옛날엔 비 한번 댕겨가믄 들깨모가 구름맨치로 붕붕 솟아 올랐는디 뭔 놈에 실비만 댕겨가도 모다 매가리 없이 꼬꾸라진다냐 시절 다 가는디 인자는 영 글렀능게벼 절단난겨 워치케 손쓸 수도 읎어 손쓸 수가 읎어 옘병헐

숨겨놓은 대장암, 울 엄마 저쪽으로 가시기까지 끝끝내 나오지 못했다

# 제2부

# 화음

나무는 아래로 아래로 자란다

제 생각 숨기고 제 것 다 버리고

천, 천, 히, 산이 자란다

# 잠시, 환하다

발길 드문 옥연사(玉淵祠)* 뜨락
고서들 바람을 쐬고 계신다
거처를 옮기기 위해
숯막 같은 궤에서 나오셨는데
근엄하게 필사된 옷고름 풀어 젖혀
전족을 한 채 잠든 양명도
두 손 묶인 휴정의 목탁소리도
햇귀에 부풀어 오르는 사이
맹자도 두보도 어깰 맞대고
주춧돌 아래 나란히 앉으신다
잇바디 드러내며
꽃잎처럼 몸을 펴는 작은 시첩들
바람은 무슨 힘인가
고요한 숨 저렇게 펄럭이게 하고
이슥히 세상 저편 봄볕을 끌어당긴다
사람 인(人)자 맞배지붕
대숲그늘 걷어내며

## 옥연사, 환하게 핀다

* 소재 노수신(1515~1590) 선생의 유덕을 추모하기 위해 세운
경북 상주시 화서면 사산리에 있는 사묘재실

# 나, 절에 좀 댕겨올란다

긍께 내가 퉁그러진 대둔산에 안 올라갔겄냐 중간 산허리쯤 태고사 가차이 석문을 지나다 고만 길을 잃은 거여 앞이 뵈지 않거든 니 안을 봐라, 수염 허연 어뜬 할아버지 목소리가 우렁우렁 울려오는디 고만 눈 딱 감고 두 손 모응께 워매 워쩐 일루다 몸이 붕 떠오르더니 금방 구름다리에 얹히는 거여 구름다리가 흔들거링께 몸도 휘청휘청허지 아래로 내려다뵈는 낭구꼭대기 물결은 또 얼매나 아찔허던지 산내끼라도 있으믄 중심이라도 잡게 몸을 묶어두겄는디 워칙헌다냐 입 악다물고 또 두 손 모았다니께 앉은 채로 몸이 또 붕 뜨대 이번엔 까마득헌 절벽 낭떠러지에 내가 앉히는 거여 바위가 무너질까 하늘이 무너질까 바들바들 떨민서도 어짜겄어 두 손 공손히 모응께 몸이 또 구름맨치로 붕 솟아오르더니 저 산날맹이에 사뿐 내려앉히는 거여 맴 다잡고 눈을 떠봉께 야, 금빛 햇발이 찰름찰름 막 쏟아지는디 입때껏 그르케 환한 햇발은 본 적이 읎어야

근디 너 그거 알지야 시상살이 어디 한 군데 깜깜절벽 아닌 곳 있다냐 대간혀 그랴도 시상 쬐깐한 벌거지 한 마리도 그냥 오는 벱은 읎어야 그  꿈꾸고 니가 들어섰으니께, 입맛 안 땡겨두 어여 인나 밥 한술 뜨거라 잉

# 목어

잡아도 달아나기 마련이고
채워도 모자라기 마련이고
버팅겨도 쓰러지기 마련이고
닫아도 열리기 마련이지만

이상하다
꿈꾸는 것들은 비린내가 난다

절집에 가면 너에게 안기고 싶다 곰곰 썩어가고 싶다 숨결마저 잇닿으면 세상도 아래로 아래로 낮아질 수 있을까 네가 쏟아낸 저 바람에 감히 나를 방생할 수 있을까 마음 몇 바퀴 빙빙 돌 때 쩌렁쩌렁 절집을 울리는 푸른 물소리 오오, 지느러미 파닥이는 너의 살내음!

# 건너가다

용흥사 풍경, 물고기가 없다

제가끔 가부좌 틀고 앉은
작은 연못을 돌고 돌아도
처마에서 헤엄치던 환한 말씀
차마 건너오지 않는다
극락보전 세 분 부처가

꽃방석 깔고 앉아 절하는 세상
절 밖으로 가라앉힌 지 오래
혼자서 측은한 심사 있었던가
단풍 흘러내리는 산 너울 건너 건너
회오의 바람 깨우러 간

용흥사 풍경, 물고기가 있다

# 불혹

물잠자리 내려앉은 해거름 물소리 듣네

앞선 물은 뒤따르는 물, 뒤따르는 물은
옆의 물, 옆의 물은 또 다른 물
가만 가만히 들여다보고 있네

물살이 세다고 한 여자가 말하네
무거운 돌덩이 발목에 달아야
함부로 휩쓸리지 않고 건널 수 있다고
한 호흡 들이마시며 가다듬네

깊고 거센 물살 품고
떠억 버티며 기다리는 강
천천히 숨을 몰아쉬면서
더 크고 무거운 돌덩이 묵묵히 짊어지네

또 한 물살 건넜다고 마음 늦출 수 없어

없는 돌다리도 두드리네
또다시 봄, 바람 불지 않아도
꽃잎은 속절없이 흩날리네

천지간에 속보이는 것들
한 숨통 놓기도 전 수북수북하여도
돌덩이와 팔다리 한통속으로 가네
숨결 곳곳 돌덩이 혹을 매달고
지칠 줄 모르는 불혹을 건너가네

# 종이꽃

애당초 말하지 말 걸
뿌리조차 가누지 못해
부숭부숭 몸이 마르고
이제는 눈물도 나오지 않아
목이 마를 때마다
절뚝이며 강둑에 오르지만
온몸엔 황달기
저물도록 끝내 저물도록 앉아 있다가
어둠이 무릎을 탁, 끊을 때
달빛에 흠뻑 젖어 꽃 피울 수 없을까
구겨진 몸 훌러덩 벗어놓고
진분홍꽃물 까무룩 토해낼 수 없을까
바람결에 뒤척뒤척
팔다리를 접었다 폈다
사립문 밖으로 긴 목을
애당초 빼지나 말 걸

# 길이 아프다

엑스레이를 찍었다 평지를 걸어도 자꾸만 무릎이 아프다 뼈마디 알고 보면 한때 나뭇가지였거나 풀의 잔뿌리였거늘 계단을 오르거나 지하로 내려가거나 길은 살속 헤집어 언제나 삐걱거린다 모래바람에 햇살 질척거리면 먼저 지워지는 길 절뚝이며 다시 새겨도 희미해지는 세상의 무늬였거늘 본디 에돌아가는 걸음이라면 길은 있기나 한 것인가 아무 이상 없다는 무릎에서는 왜 자꾸 통증이 자라나는가

# 바다로 가는 나무

남장사 상수리나무 큰 그늘
넘치고 넘쳐나 물소리에 닿는다

지난겨울 끝자락 한쪽 팔
폭설에 내려주고도
뻗어나가는 두터운 그늘에 들면

옹이를 열어젖힌
굽은 등걸 속 둥근 물결
거침없이 흘러나왔다

깊숙이 감춰두었던 수의(水衣)까지
가느다란 햇살의 손을 빌려
골짜기 골짜기로 보내주었다

눈치 빠른 딱따구리도
따신 햇볕 날개에 퍼 담아

상수리나무 속으로 들앉는다

거기 장수풍뎅이, 사슴벌레, 참다람쥐
아직 태어나지 않은 애기벌레들까지
연방 들락거리며 물소리를 퍼 나른다

저토록 두껍고 딱딱한 외피를 두르고
태초의 물너울을 키우고 있다니

천 년 목숨 지켜낸 남장사
상수리나무숲 바다로 가는 물결을 본다

# 측백나무의 겨울

5층 임대아파트와 어깨 견주고 선
측백나무들 그 무성한 생애가
쿵, 하루아침에 무너져버렸다
생각하면 제 몫의 세월 끌고
여기 오기까지 어찌 가슴 졸이지 않았겠는가
먼지 이는 공터마다 툭툭
하얗게 거덜난 뿌리 한 호흡에
온몸 매달았을지 모른다
바람 불지 않아도 진저리쳐지는 날
신열 앓듯 허공을 움켜쥐며
입도 바싹바싹 타들어갔을 것이다
몇 평 되지 않는 더부살이
그루터기 훤한 허공의 길,
새소리 호득호득 떨어지면
지친 불빛마저 화엄 세상에 떼어주고
측백나무들 등 기댈 간격으로
서로 어루만지며 적멸 드는 밤

하늘 한 마장 오롯이 별들이 돌아
고요히 경배하는 걸
새 고층아파트 사철나무, 회나무
그들은 끝내 모를 일이다

# 빠꿈살이

당신한테서 그림 한 폭 받았지요

우리 네 식구 얼굴을 먹을 갈아 그렸더군요 그림을 양손으로 쫙 펴자 당신 입가에서 웃음이 물컹 새어나오는 거에요 당신 팔짱을 낀 제 얼굴을 보니까 역시 거기서도 웃음이 소르르 풀려 나왔어요 내 뒤에 있던 딸아이하고 눈을 맞추니 헛참 이 아이 고개를 뒤로 젖히며 까르르 웃어버리지 뭐에요 당신 뒤에서 고개를 한쪽으로 약간 기울인 아들 녀석 볼을 톡, 건드렸는데 글쎄 볼우물이 쏘옥 패이더니 푸하푸하 웃음 두레박 퍼올리지 뭡니까 그런데요 얼굴을 볼 때마다 마치 극장 안처럼 한 사람 얼굴만 환하게 떴구요 다른 얼굴은 보이지 않았어요 참 별일도 다 있구나 했는데 해바라기 꽃잎이 네 식구 얼굴 둘레로 막 돋아나는 거에요 얼굴마다 노오란 꽃잎이 너울너울 춤을 추고요 그러더니 얼굴들이 둥실둥실 식탁에 둘러앉아 노르스름 잘 익은 해를 뜯어 꿀떡꿀떡 삼키고 있더라구요

천 년의 한 획이 여백으로 번져 흘러가구요

# 달맞이꽃

꿈결에 터지도록 꽉 차오른 달
이마에서 자꾸만 출렁거린 달
손가락 끝에서 톡 튕겨 올라
저쪽 산자락까지 날아가는 것이다
귀한 것들은 오래 머물지 않아
항상 손으로 만져보기도 전에
달아나고 마는 것
울면서 부르던 이름, 그래서 가슴속에
둥지 틀어 주는 것
몸 부풀려 한껏 반짝이다가
조용히 제자리 돌아가서는
어느 찰나 튀어나오기 위해
훌쭉하게 살을 빼고 기다리는 것이다

잎겨드랑이 빈 껍질로 남은 달그림자가
오래오래 가슴을 누르고 있다

# 우산

올 봄인데 소식 한 자 없다
불쑥 찾아든 어느 날인가
지레 겁먹고 외면하는 사이 그는
몇 번의 봄을 쑥쑥 잘도 뽑아 올렸다
어깨를 으쓱, 우산도 척척 펼쳐들었다
급기야 지난봄 젖은 입술로
하얀 꽃 퐁퐁 불어 올려
딴청피우며 눈길 잇대다 그만
나도 환하게 벙글어지고 말았는데
울컥울컥 속으로 차 넣은 울음이었을까
가슴 한가운데 박아놓은 독기였을까
그가 품어 온 뿌리가 흘러내리지 못한
마른 흙덩이 화분, 왈칵 쏟았다

# 제3부

# 밥, 말씀

마루에 앉아 밥을 먹는데
그가 대문 앞에 쭈빗쭈빗 서 있었다
엄마는 얼른 부엌으로 달려가
밥 한 덩이 퍼 담은 바가지에 서너 찬을 얹어
아래채 마루에 놓아주었다
그는 말없이 허리를 조아리더니
마루에 오르지도 않고
뜰팡에 쪼그리고 앉아 밥을 먹었다
자꾸 고갤 돌리는 어린 나에게
엄마는 눈을 꿈적꿈적하였다
어느 사이 그는 보이지 않고
덩그러니 마루에 혼자 남겨진 바가지
들고 오며 보았다, 바가지 한쪽
잘 모두어 놓은 밥 한 숟갈

그가 남기고 간, 한 말씀

# 허허들판

서너 뙈기 남은 땅은 그냥 냅두기로 했구먼 큰놈 작은 놈 대처로 보낼 때마동 논빼미 허리 잘려 쇠똥 눈물 솔찬한 여까정 망할 에프틴가 지랄인가 괴물 같은 기 몰려와 버렸어 앞이 깜깜혀 조합 빚내 장만한 경운기 만날 툴툴거리더니 기어이 들판 갉아먹는 골프 차 놈덜 피한다고 내 녹슨 갈퀴손까정 잘라먹었잖여

농사지믄 등 뜨숩고 배부르다고 글씨 좋은 시절도 있었지 구루마에 집채 같은 볏짐 얹고 뒷들을 서너 번 돌아오믄 저녁밥 짓는 연기 하도 구셔서 가슴팍에서 꽹과리 소리부텀 났으니께 그때는 마른 물꼬 물 들어가고 자식놈 입에 밥 들어가는 것보다 더 좋은 건 읎었어 아홉 식구가 비비적대도 못 견딜 일 읎고 맴만큼은 참말로 풍덩했으니께

워째 갈수록 사는 꼬라지 같잖아지는겨 사람 사는 시상인디 지 죽는 줄 빤히 알믄서 들판마동 진드기 도열병 탄저병약 그들먹하니 안 달구 있으믄 안 되구 큰물 져 보가 다 떠니리가믄 광대뼈만 허연게 농사꾼 가슴만 찢어

지지 얼라려 밥 끼니라도 꾸역꾸역 처먹는 지깐 것들은 피눈물 몰라도 잘만 사능겨 아심아심 삭신 무너뜨리며 배차밭 무수밭 갈아엎은 게 어디 한두 번이간디

흙이니께 그냥 살은 겨 몸뚱이 하나 비끄러매고 흘근흘근 들에 푼 시름 허 가늠허기 어려워도 빚이나 물려주지 말아야 허는디 인자는 둔너 있기도 대간한 이노무 몸이 영 말 들을 성싶지 않구먼 아무것도 모르는 놈덜 불러내려 앉힐 수도 읎고 말짱 헛일여 칠십 평생 땅 파 묵고 살믄서 입때껏 땅 파는 자식 놈 하나 키우지 못했으니께

허허, 그랴도 저 들판 끝자럭 서너 뙈기 남은 땅은 그냥 냅둘 거구먼!

# 민들레

쑥, 냉이, 돌나물, 벌금자리까지
늘 푸른 봄을 파는 할머니 앉아 있다
먹어보지 않아도 말랑말랑한 햇살
지전 몇 장으로도 활짝 배가 부르고
시린 구들장 따끈하게 뎁혀줄 수 있는가
네거리 은행 입구
땟국물 둥둥 떠다니는 치맛자락
한 평 남짓 펼쳐놓고
굽은 손 쉴 틈 없이
애면글면 푸성귀 다듬고 있다
춘삼월 한낮 노인의 몸에
어떤 빛 자루 들어앉아 있는가
팍팍한 세월 잔광으로 살아남아
밥상보처럼 둥글게 앉아 있으면
텅 빈 물소리도 덤으로 얹혀
꽉 찬 달빛으로 출렁이는가
보도블록을 슬쩍 밀어낸

앉은뱅이 민들레

밥 먹자, 불쑥 숟가락을 내민다

## 단단한 소리

알타리 무시 사여!
한 단에 천 원, 두 단에 이천 원!

배추 사여! 김장 배추 사여!
두 포기 이천 원, 한 포기 천 원!

요양원 밥상에 앉은 햇빛 한 사발
팽팽하게 끌어당기는 저녁나절

시린 초겨울 북풍도 까치발을 하고
무등을 타는 소리

골목 지나 변두리 저 하늘까지
쩡쩡 울리는 소리

무시 사여!
배추 사여!

식솔들 밥숟가락 바투 잡은 리어카 한 대가
목이 터져라 개밥바라기별을 불러내고 있다

# 비 내리는 저녁

술픈 날은 슬퍼
슬픈 날은 술 퍼*

그만, 손등을 데었다
왜 상처만이 뜨겁게 기억되는지
끓어오르는 비지찌개를 보니 알겠다
신문지로 도배된 벽 틈틈
목울대 울리는 일들
제각기 뻗을 곳으로 뻗치지만
도란도란 둘러앉은 얼굴들은
서로가 서로에게 스며드는 불빛이다
때로는 술 한 잔이
막막한 길 가뿐하게 연다
제 무게 버린 껍질들 다 모이면
삶은 뜨겁게 달구어지는 것
비지찌개 앞에 놓고
소주 두어 잔 더 털어 넣고 나니

손등에 핀 꽃숭어리 하나
불거지고 있었다
점점 더 붉어지고 있었다

* 주막 「씨멘집」벽에 누군가 써놓은 글

# 상처

깊은 똬리 안으로
안으로 파고 들어가니
기다렸다는 듯
나를 얼른 주저앉혀놓고
훌훌 자리 털고 일어서는

너, 누구?

# 빈집

틀이 넘어지고 앞니 부러진 어머니 산발한 채 울고 있어요 책을 들고 부뚜막에 앉아 눈물 흥건한 손으로 어둠을 넘겼지요 어머니 고무신 끌며 대문을 걸어 나가고 어린 동생 옆에 와서 훌쩍였어요 울지 마라, 누나는 내일 시험을 봐야 한단다 세상은 오래도록 잠에 들고 도마에 번득이던 별의 칼날은 그렇게 반짝였던가요 집 나간 어머니 오늘 만났습니다 여전히 산발한 채 울고 있네요 미처 챙겨 신지 못한 고무신 한 짝 아직껏 뜰팡에 엎어져 빗물 톡톡 맞고 있구요

# 벼락 맞네

고향이 어디여,
새 시집에 싸인을 하며 그가 묻는다
부암리요, 하니
벼락 맞네, 난 그 옆 만악리잖여

딱히 뭐라 표현이 안 되는
거시기한 말 거시기처럼
엄니 아부지 입에서 그냥 술술 풀려나오던
벼락 맞네

환장하네 벼락 맞네 반갑네 벼락 맞네 기분 좋네 벼락 맞네 뜬금없네 벼락 맞네 놀랍네 벼락 맞네 큰일이네 벼락 맞네 황당하네 벼락 맞네 기절하네 벼락 맞네 연설하네 벼락 맞네 가소롭네 벼락 맞네 불쌍하네 벼락 맞네 슬프네 벼락 맞네 안타깝네 벼락 맞네 이상하네 벼락 맞네 우습네 벼락 맞네 어이없네 벼락 맞네 별일이네 벼락 맞네 당연하네 벼락 맞네 재미있네 벼락 맞네 배꼽잡네 벼

락 맞네 미치겠네 벼락 맞네 눈물 나네 벼락 맞네

바람으로 노닐다* 터벅터벅 건너온
벼락 맞네

고향 하늘 운판
벼락 맞네, 벼락을 맞네

* 안용산 시인의 시집

# 석림(石林)에서 길을 잃다

물살이 빠져나간 곳은

어디든 길이 되었지만

물고기 한 마리

돌 속으로 헤엄쳐 들어가

제 몸 부비며 길을 낸다

우주가 가볍게 몸 틀고 있다

# 개구리 시인

문학 강연이 진행되는 동안
도남서원 정허루 마루 아래 틈
초록청개구리 한 마리 앉아 있다

빗소리가 넘겨주는 시경에 스며들어
흘러가는 강물의 노래
온몸으로 적시고 있다

작고 낮은 몸으로 모시는 허공
눈빛 여린 시인이 앉아 계시다

# 사월

승천원 1.3킬로미터
표지판 하나 낙강 따라 길을 내준다

허밍, 허밍
여기 어디쯤 사벌왕릉이 거느린
족적 하나 또 있는가

이끼 낀 기왓장 그대로 정정하시라
녹슨 문고리 빗장 온몸으로 울고 계시라
퇴색하거나 찬란한 기억 부디 살아계시라

심심한 현판 폴짝 뛰어내려올 것 같아
무슨무슨 당(堂), 누구누구 서(書), 동재, 서재, 팔작지
붕, 대들보, 평주, 우물마루, 초석돌

짚어보는 점자마다 스며드는 꽃물
아지랑이 역사 속으로 흘러 들어가는 길

하늘 오르는 검은 연기
굴뚝 아래 흐느끼는 상복들의 울음을 끌고
구름을 밟은 것
구름이 슬쩍 나를 밟고 지나간 것

막 피어난
사벌국 배꽃이 배시시 웃고 있다

# 오리에 기대어

오래전 시 수업 받을 때
소월의 산새는 왜 오리나무 위에서 우느냐
태암 선생, 한 말씀 던지셨다

못난 사람 개똥철학이라도 좋다
오리는 오 리다, 그리 멀지 않다
오리라는 희망이다 기다림이다
오리울음 꺽꺽, 목에 걸린다

할, 선생님 붉어진 눈시울 따라
세상 어둠 둥둥 강의실 고요를 넘어섰는데
진도 답사 동행 길
정년퇴임하신 선생님 눈이 또 젖는다

어찌 여기 오리라 생각이나 했겠는가
이 먼 슬픈 유배지, 바닷길 훤히 열리는 날
꿈결 같네, 여길 또 언제 오겠는가

석양에 물든 선생님 말씀
나는 또 오리처럼 뒤우뚱 받아 적느니

# 얼굴 붉히다

원당 선생, 사발 하나 들려주며
뒤란 앵두를 따가라고 한다
들며나며 채마밭 상추도 깔리고
풋고추도 종종 따다먹은 처지인데
앵두까지 따가란다
풀 한 포기 뽑아준 적 없고
물 한번 준 적 없는데
건드리면 톡톡 손으로 떨어지는
때깔 좋은 앵두, 다 따줄 요량으로
술 담그면 좋겠다고 너스레를 떨었더니
그거 뭐 술 담기보다 오가는 사람들
앵두 따는 맛이나 보게 한다고
요 사발 하나만큼씩만 따보아도
쏠쏠한 재미 담아가지 않겠느냐며
환한 웃음 날리신다
앵두 몇 알 입에 넣고 단맛을 오물거리다
그만 혀를 물컹 깨물렸다

낭창한 가지에 붙은 앵두 빰에도
당글당글 빨갛게 빛이 돌았다

# 노을

저물녘 절집 범종 울린다

종 한번 울릴 때마다

합장하고 종 한 바퀴를

천천히 도는 스님

모두 잘 되라고

모두 다 잘 되라고

한 바퀴 빙 도는 거란다

붉게 붉게 퍼져나가는 종소리

삼라만상이 한 바퀴 빙 돌고 있다

# 맨드라미

온몸이 혈관이다,

야윈 얼굴에 마른버짐 하얗게 펴, 있지 나 그거 시작했어, 바르르 떨던 속눈썹, 달빛 소복소복 쌓이는 몸 구석구석 뿌리 뻗쳐 꽃망울 피워 올릴 때마다 소녀는 새로이 살아와, 벌건 대낮 푸른 물줄기 나무를 타는 뙤약볕에도 꽃물 묻은 바람이 지나가고 다시 오마 다시 오마, 서너 답 생명 무장무장 꿈틀거리는 태초의 저 여름 분화구,

활활 온몸이 숨결이다,

# 제4부

# 가을비

누드크로키 전시장에서
정 선생, 문득
모델은 누구인공 하신다
접니당, 엉겁결에 농을 쳤더니
황 선생 몸이 이렇게 생겼구먼 하신다
옆에 있던 박 선생도, 이 선생도
벌건 웃음 발진하는 찰나
먹물 거뭇한 붓끝
나른하게 누워있는 여자
잽싸게 손목 끌어당겨
화첩 아래 후끈 몸을 섞는데
몸 한번 비틀 때마다 흔들리는
가을 한나절
색, 색 물들었다

# 꼰닙, 하고 불렀네

—영랑생가에서

꼰닙, 하고 불렀네
어디선가 꽃잎 한 장
팔랑 날아오고
꼰닙, 하고 또 불렀네
꽃잎 한 장
또 팔랑 날아오고
꼰닙, 꼰닙, 연거푸 불렀네
꽃잎 꽃잎 붉어진 모란
사르릉 고개를 들어
꼰닙, 꼰닙, 꼰닙, 신명나서 불렀네
입안 가득 침이 고여
봉실봉실 꽃몽우리들
꽃잎 꽃잎 꽃잎 열어젖히기 바쁜데
나도 흠뻑 젖어 흐른 적 있다고
첨벙, 보름달 꿀꺽 삼킨 적 있다고
물, 무울 두어 번 불러주면
몸 안에 범람하는 마음 툭 터져

가슴엔 듯 눈엔 듯 또 핏줄엔 듯*
도른도른 흐를 거라며
마당 한구석 뚜껑 덮인 우물
새초롬히 어둠을 견디고 있네

* 김영랑 시 「끝없는 강물이 흐르네」 한 구절

# 봄날

굳게 닫고도
빗장까지 질러놓은
까치구멍집
관솔구멍 몰래 눈 맞추면
안방에서 건넌방으로
부엌에서 대청마루로
종종걸음치고 있는
저, 낯익은 여자
우울한 정적의 속살
하얗게 부풀어 올라
쉿! 용마루 양 옆 숨구멍으로
숨어든 햇살
바람에 뒤엉켜 스칠 때마다
푸슬푸슬 벽 허무는
강물 냄새
휘도록 그 여자 허리 안고
닫힌 방 어둠 다 빨아 마시며

나는 수컷이 되어 가는데
옹알이 퐁퐁 터지는
샛노란 개나리꽃 울타리

# 고서실

혹, 말라가던 꽃잎들 일제히 고개를 드네 손끝 살짝 닿기만 해도 견딜 수 없다는 듯 몸을 틀다가 둥둥 시간을 타고 내려와 밑동의 기억 벌름거리네 뿌리들 강물에 젖네 가지들 흔들, 황달 짙은 잎새들 웅성거리네 이승과 저승 사이 핏기도 없이 숨 고르고 있는 씨앗의 틈새 오, 오기의 잿빛 곰팡이 빛나는 가시를 곧추세우네

# 모텔 라일락

여린 햇빛 걸어 나오는 골목
보랏빛 꽃잎 분분하다

어둠 속에서 나를 보챈 건
술기운이었다고 치자
헛발 휘청 달빛에 쓰러졌다고 치자

솟구치는 가슴 가라앉기도 전
스르륵 빠져나가

시치미 뚝 떼고 모른 척 하기냐
내 잇몸 저릿저릿 들뜨게 하고
독한 향수 또 싸르르 뿌려대느냐

낼름낼름 혀만 내미는
저, 가시나

# 허허씨와 예술이

개 한 마리 예술촌에 들어와 얼쩡거리다 그림 그리는 허허씨한테 딱 걸렸는데요 도망치지도 않고 기다렸다는 듯 낑낑 엉기는 것이 족히 며칠은 굶은 폼이었다지요 그는 얼른 화실 도화지만한 냉장고 문 열어 살얼음 낀 두부를 녹이고 과자 부스러기들 죄 꺼내 먹였다는데요 그때부터 그 개 한식구가 되었지요 그가 쓰는 화실 옆 교실 한 칸 예술이라는 이름이 적힌 자물통까지 얻어서 말이에요 그 바람에 예술촌 한 귀퉁이 둘이 세든 건물 앞마당엔요 예술이 똥이 냉이꽃 돌나물 꽃다지 사이사이 민들레처럼 암팡지게 뿌리내리게 되었지요 그러다 동네 어슬렁거리던 개한테 꾀어 아니 꼬드겼는지도 모르지만요 한바탕 질펀한 거사를 치렀다네요 그 이야기가 나오면 그는 혀를 끌끌 차기도 하였는데요 그 무렵 가장 비싼 사료를 두 포대나 먹였다지요 어쨌든 예술이는 올망졸망 새끼를 일곱 마리나 낳았대요 젖 물리느라 늘어진 뱃구레 바싹 여윈 채 혹 새끼들 불편할까 꿈쩍도 하지 않고요 힘 바짝 고누고 버팅기는 고것이 또 그렇게 안쓰럽고 귀했다지요 그는 며칠 뚝딱거리며 널따란 예술이 집을 새로 만들어 주기도 했는데요 들락거리는 사람들한테 새끼 몇 마리 안겨주고 그가 색소폰을 빠바밤 불어대면요 예술이 고개를 치켜들고 우우 응수하며 지내던 어느 날 웬일인지 예술이랑 새끼 두 마리 보이지 않더래요 그는 안절부절 예술이 눈빛 묻은 예술촌 구석구석 놓치지 않겠다는 듯 그림자를 늘이고 또 며칠 끙끙거리다 막걸리 두어 잔 연거푸 비웠는데요 안주 삼아 툭툭 주워섬기는 그의 말이 붉은 노을 틈에서 줄창 흔들렸습니다…… 지가 새끼 날라고 나한테 온 겨, 고만큼 키워 지 갈길 터줬응께 고만 갈 때 돼서 간 거여. 허허, 그게 예술이 아니겄어?

# 보리수

석운도예공방 뜰 보리수나무

산새들 연방 들락거린다

이파리 사이사이 열매 찾아

이리 갸웃 저리 갸웃 종일 부산타

쪼매라도 단내가 나면

조잘조잘 쪼아 먹혀

보리수열매 당최 익을 새 없어도

한 알 한 알 날아오르는

나무붕새 한 마리

# 꿈꾸다, 꿈

읽던 장자를 덮고 내리 사흘째
감기몸살에 취해 꿈속으로 미끄러진다

지나온 길 다시 걷고 넘어진 곳에서 또 넘어진다 만났던 사람 다시 만나고 흘렸던 눈물 또 뜨겁다 내가 전생을 다시 훑고 있는가 아니 저승의 아스라한 길 달리는 것인가 몇 생 전 불던 바람 오늘 또 휘청휘청 불어와 후줄근히 비에 젖는다 저 비바람은 나를 붙들어 매고 어디로 또 흘러가는가 한바탕 꿈, 언젠가 똑같이 꿈꾼 적 있는

꿈결의 생 떠돌다
허위허위 날아드는 나비떼

# 돌거북

망망대해를 떠나 저물녘 뭇물같이
절집으로 들어선 돌거북

푸른 바다보다 더 푸른빛으로
산이 집인 듯 집이 절인 듯
고개 드는 말 꾸루룩 가라앉히고 있다

물기 빠진 생의 진공이라 한다
눈을 맞추고 몸을 어루만지며
연방 절을 올리지만

캄캄한 생 건너
환한 바다에 닿을 때까지
세세연년, 저 독한 묵언수행으로
결가부좌를 이루었으리라

목마른 진흙밭 지나

법당에 들지 않아도
꽃잎 붉게 물드는 세상 끝

철철 바닷물 흠뻑 들이마신
거북아, 거북아
머리를 내밀어라!

돌도 오래 살면 법문이 되는가

# 헐빈하다

아이구 내 인자는 회관에 안 간다 카이 회관만 갔다카만 쎄 빠지게 심부름만 시킨다 카이 어이 이기 누기로 자네 쐬주 두 빙카고 담배 좀 사 온나 어이 자네 여기 마카 커피 좀 타 온나 뭐라 내가 무신 돌배기도 아이고 누구 말마따나 똥강생이 얼라맨치로 오미가미 심부름만 캐쌓는다 카이 내사 마 이래봬도 올개 나가 칠십이라 일 년에 한두 번 볼까말까 칸다 캐도 어깨 우로 자불자불 대이는 손자놈덜이 할배요 할배요 캐쌓는디 문디 지랄 인자는 내 회관에 앗싸리 안 간다 카이

아구 마 참말로 각중에 와카니껴 우짜니껴 거 안 가마 비름박카고 이바구 하니껴 그케싸도 사람별 짱짱한 건 거 밖에 없니더 행님요, 우짜돈둥 쪼매 참으시고 다부로 회관에서 보시더

안동 가는 버스 모처럼 분답더니
어둑발 드는 마을, 두 분 영감 내리시자

# 이내 혈빈하다

# 무릉역

무릉에도 역이 있느냐

살찌는 공장들 사이
비둘기 열차가 하루 몇 차례
푸드덕 앉았다 날아가면

녹슨 소리는 허공을 품고
햇빛으로, 달빛으로
굽이굽이 내려앉아

바람마저 끌어안은
낮은 산, 절로절로 흐드러진
복사꽃 터널 돌고 돌아

끌고 온 길
흔들흔들 걸어 나가고
매표창구도 없는

저 붉게 타는 노을
바람의 주소지 찾아
무릉무릉 길을 묻는

대체 무릉역이 어디냐

# 기억

500원짜리 동전을 밀어 넣고
한동안 쌓인 메일을 읽는데
기차는 10분 연착될 거라고 했다
그리움이 언제 한 번이라도
제 시간에 도착한 적 있었던가
나도 누군가의 지워지지 않는 기억 속에서
한 생애 연장되었는지도 모를 일
잠시 녹슬어 끊어진 길 한끝
시큰한 발목 내려다보며
내 안의 해와 달을 더듬어본다
해는 해대로 달은 달대로
빛이었다가 어둠이었다가 몸 바꾸는 동안
강물소리 길어 올리던
젖은 눈빛 이제 와 기억한다고
뭐 내 생애가 일순간 바뀌겠는가
그러나 무심하게 삭제한 메일 하나가
헐떡이며 달려오는 기차 불빛에

왜 둘둘 감겨 따라오는가
어스름 내리는 창문에 아로새겨져
끝내 글썽글썽 번져가는가

# 수양벚나무

그가 꽃을 피운다는 걸 몰랐다
기차소리에 짓눌려 삭아가는
속 휑한 고목으로만 알았다
봄도 활짝, 개찰구를 빠져나가던 사월
아아, 바람 따라 온몸 출렁이며
꽃잎 떨구어 보내는 그를 보았다
자신을 다스릴 줄 안다는 듯
그래서 모든 걸 버릴 줄도 안다는 듯
땅을 향해 휘어진 등걸에서
숨은 햇빛 치렁치렁 따라 나와
철길 너머 점점 더 환해지는 걸 보면서도
그가 면벽하고 있다는 걸 몰랐다

# 육필시

밥풀만한 제비꽃 꼬투리 살짝 열어보니 꽃의 문장 까맣다 열린 문 속으로 틈이 없다 빼곡하다 무량한 시간 옹팡지게 들어앉은 지구 한 모퉁이 간질간질 바람 지나가면 천지간 운행하는 별도 와글와글 꽃으로 피어난다 세상 가장 낮은 곳 침묵 속에서도 끝없는 노역으로 생을 얻는 씨앗 씨앗들 돌아가자 돌아가자 주저함도 없이 다시 돌아 세상 한 바퀴 훠이훠이 돌고 돌아 마흔 살로 다시 쓰는 문장 움찔, 일어선다

# 잠(蠶)

풀과 나무 향기에 휩싸여 바람 내음까지 고소해지면 얼굴이 발개집니다

살금살금 소리 죽이며 호젓한 산길 어느 풀섶 맨살로 눕고 싶었습니다

귀를 열어 살뜰히 당신의 이야기를 다 들어주고 시냇가 하얗게 빨아 말리던 광목 홑청 사이로 절렁절렁 눈물 흐르면 오래된 나무에 숨어버린 햇살도 부를 수 있었을까요

가만히 눈 감고 구불구불 걸어온 길 펴놓으면 온몸 솟구쳐 오르던 실핏줄 천천히 따라 흐르고 수천 년 울음 건너온 꽃잎에 달빛만 서성일 뿐 다시 산과 들은 잠에 들었습니다

싸르 싸르르 젖멍울 같은 기억 빠져 나갈 때 비로소 세

상을 젓는 당신의 여린 손, 훨훨 날아가세요

**해설**

# 물속의 달, 그 이데아를 향한 그리움

김경복(문학평론가, 경남대 교수)

이상하다
꿈꾸는 것들은 비린내가 난다

―「목어」 부분

살아있다는 것은 무엇일까? 꿈을 꾸는 것일까? 시인 황구하의 첫 시집이 되는 시편들 중 위의 구절에 눈이 멎으며 산다는 의미를 생각한다. 존재의 본질은 꿈꾸기에 달려있는 것인가. 꿈꾸지 않는 것은 그럼 무엇인가? 죽음, 또는 무의미? 꿈에 대해 생각한다. 꿈꾸지 않고 일상적으로 살아온 날들이 그렇게 보면 나에게 얼마나 많았던가. 나는 살면서 죽음을 맛보고 있었던 셈이다. 이 어질어질한 생의 진실을 시인은 어떻게 저런 짧은 구절로 노래할 수 있을까. 이상하고 이상하다. 뭔가 알고 있는 것인가.

그런데 더욱 황당한 것은 '비린내', 비린내라니! 비린내가 무엇을 뜻하는 것일까. "꿈꾸는 것들은 비린내가 난다"고 표현하고 있는 것을 보면 시인은 이를 제 실감으로 느꼈다는 것일 텐데, 도저히 그 느낌을 알 수 없다. 시인 스스로도 이것이 일상적인 일은 아니었는지 "이상하다"고 말하고 있긴 하지만 느끼지 않은 상태에서 저런 말을 할 리 없다는 점에서 어떤 연관성이 그 안에 들어있는 것은 분명하다. 문맥적 상황으로 볼 때 그녀도 불현듯 이를 느끼고 체득했다는 점이 감지된다. 그렇다면 나도 이를 느끼지 못하란 법은 없다. 감이 오기를 기다리지만 소식은 없고 시간만 흘러간다. 꿈꾸는 것들은 살아있는 것이어서 생물의 냄새로서 비린내를 풍긴다? 이 말이 틀린 것은 아니지만 시인이 말하고 있는 취지가 이것이 아님은 하늘이 알고 땅이 안다. 도대체 꿈꾸는 것들과 비린내, 그 사이에 어떤 연관성이 놓여 있단 말인가? 시인은 분명 직관적으로 이를 느껴 말해버린 셈이지만, 나의 눈길은 이 표현에서 하염없이 멈춰 나아갈 줄 모른다. 시가 발목을 붙잡고 생의 심연으로 끌고 간다. 역시 주위로 펼쳐지는 것은 심한 현기증.

독자로서 우리가 시인의 느낌을, 그 영감을 알아채기는 쉽지 않다. 비린내가 가진 뜻도 다양할 뿐 아니라 꿈이 갖는 모호함이 여기에 그 어려움을 더하고, 더 나아가 시인이 어떤 상황에서 그런 말을 불쑥 내뱉게 된 것인지를 정확히 알지 못하기 때문에 완전한 이해의 상태에 이르지는 못한다. 그렇지만 독자인 나에게도 꿈꾸기와 비린내의 체험이 있는 만큼 내 체험의 한 장면에서 이를 끄집어낼 수는 있다. 그녀의 시 구절을 통해 나의 체험을 다시 활성화하여 나의 이미지를 만들 수 있는 것이다. 그 이미지로 나의 삶을 다시 살 수 있는 것이다. 그렇지만 그것은 나의 이야기이지 않은가. 내 체험의 어떤 지점을 회상하거나 연상하는 것으로 시 내용을 감상하는 것은 시적 전언을 내가 소외시키는 것과 다름없다. 소통이 필요하다. 시적 화자의 감각과 의식을 내 안의 의식과 감각으로 일깨워 일치시켜야 한다. 공감을 통한 전율이 필요한 것이지 나의 지나간 생의 한 부분에 대한 회상이 되어서는 안 된다.

그러기 위해선 시의 이미지를 내 안의 이미지로 되살려내야 한다. 새로운 체험의 단계로 밀고 나가야 하는 것이다. 시적 이미지는 나선형적 인식의 단계를 제공하며 삶의 의미를, 존재의 본질을 계시해 보여주는 것이다. 이 점에 기대어 다시 "꿈꾸는 것들은 비린내가 난다"는 표현을 보면 그것 안에는 시인의 내밀하고도 복잡한 삶의 의미가 한두 마디로 설명할 수 없을 만큼 짙게 녹아들어 있는 것을 어렴풋하게 느끼게 된다. 때문에 이를 금방 이해하고 동화하여 공감할 수 있다는 것 자체가 어불성설(語不成說)이다. 이 구절의 깊은 의미를 진정으로 알기 위해서는 그녀 시가 그리고 있는 이미지의 역정(歷程)을 두루 살펴본 뒤에서나 가능한 일이다. 이를 위해 우리는 얼마간 그녀 시가 그리는 이미지의 궤적을 따라 질러가볼 일이다.

## 물의 상상력과 생의 감각

황구하의 첫 시집을 펼쳤을 때 가장 먼저 만나는 감각적 대상은 물이다. 이미 앞의 시에서도 물과 관련된 비린내가 진동함을 느꼈지만 시집 곳곳에 물이 흐르고 돌며, 모든 물질에 파고들어 자기의 권역을 세우고, 그 위엄을 자랑하고 있다. 황구하 시의 이미지의 선을 따라가면 물의 물질성에 사로잡힌 시적 화자가 수신(水神)의 분노와 고통, 갈망의 감각에 접신하여 이를 생생하게 시적 드라마로 펼쳐냄을 볼 수 있다. 시집 전체가 물의 성채를 이루고 있는 것이다. 가령 다음과 같은 시가 가장 쉽게 물의 질료성에 사로잡힌 자아의 모습을 보여주는 것이라고 할 수 있지 않을까.

물잠자리 내려앉은 해거름 물소리 듣네

앞선 물은 뒤따르는 물, 뒤따르는 물은
옆의 물, 옆의 물은 또 다른 물
가만 가만히 들여다보고 있네

물살이 세다고 한 여자가 말하네
무거운 돌덩이 발목에 달아야
함부로 휩쓸리지 않고 건널 수 있다고
한 호흡 들이마시며 가다듬네

깊고 거센 물살 품고
떠억 버티며 기다리는 강
천천히 숨을 몰아쉬면서
더 크고 무거운 돌덩이 묵묵히 짊어지네

—「불혹」 부분

시적 화자의 의식은 언제나 "물소리" 나는 곳으로 열려있다. 일정한 조건만 되면, 즉 "해거름" 상태가 되면 '물소리'부터 시작하여, 생의 복잡성으로 '앞선 물', '뒤따르는 물', '옆의 물', '또 다른 물', '강' 등 다양한 물의 국면을 느끼게 된다. 그 느낌 속에서는 필연적으로 "물살이 세다"는 감각을 생의 본질로 받아들이게 된다. 이 거친 물살 속에 휩쓸리지 않으려면 "무거운 돌덩이 발목에 달아야" 함도 느낀다. 그때 물은 그녀 삶의 본질적 세계로 주어지며 이 흔들리고 빠르게 흘러가는 실체로서 물속에 살아남기 위해 시적 화자는 무거운 돌덩이라는 삶의 고뇌를 제 운명으로 간직해야 함을 깨닫는다. 시지프스가 바위덩어리를 언덕 위로 밀어 올리는 것을 그의 숙명으로 수긍하고 받아들였듯이 이 시의 시적 화자 역시 물속의 삶을 생세계로 인식하고 무거운 돌덩이를 달고 살아야만 함을 운명으로 수긍하며 받아들이고 있는 것이다. 시의 제목 '불혹'은 이 점을 알 만한 나이 마흔이 되었다는 뜻일 것이다. 때문에 삶의 본질과 고난에 대해 알게 되면 될수록 황구하의 시적 세계는 물의 세계가 전체를 지배하게 될 것임을 예측할 수 있다.

무엇보다 이 시의 특징은 시적 화자의 의식을 가득 채우고 있는 물의 물질성이다. 물은 화자의 의식을 채우다 못해 행간 밖으로 흘러나온다. 물이 우주이자 세계인 것이다. 때문에 전후좌우, 그리고 위와 아래 한가운데 시적 화자는 물과 함께 있다. 아니 물의 한가운데 물이 되어 있는 느낌을 주고 있는 것이다. 그것은 새로운 존재로의 변신, 또는 전환에 해당한다. 이 점과 관련하여 상상력의 문예학자 바슐라르가 시의 본질은 새로운 이미지들에 대한 갈망이라고 말한 점은 황구하의 시에서 의미심장하다. 그녀의 시에 보이는 물의 물질성에 동화된 시적 화자의 모습은 바슐라르가 강조한 시의 본질적 속성에 해당하기 때문이다. 물속의 삶에 동화되기 위해 '돌덩이'와 같은 존재로의 변신은 시적 꿈꾸기라 해도 무방하다. 비록 그녀의 시에서 돌덩이는 물의 물질성에 대립해 자신을 지켜내기 위한 방어와 경계의 의미를 지니고는 있지만 물의 세계 속에 깃들어 사는 존재인 것만은 분명하다.

따라서 물속의 '돌덩이'는 꼭 돌이 아니어도 좋을 것이다. 물과 같이 존재할 수 있는 대상이라면 그것이 물고기든 나무든 무엇이든 상관없다. 그것은 자신의 생세계에 유의미하게 살 수 있게 된 존재로서 일상적 현실에서 벗어나 새로운 세계에 적응할 수 있는 성숙한 존재라는 의미다. 실제로 황구하의 시에서는 물의 세계에 살기 위한 존재 전환의 이미지가 촘촘하게 들어차 있다. 새로운 이미지들에 대한 갈망을 통해 존재 변환의 갈망, 즉 존재의 꿈꾸기를 달성하고 있는 것이다. 이를 물의 물질성과 관련하여 잘 보여주고 있는 시가 다음 작품이다.

물살이 빠져나간 곳은

어디든 길이 되었지만

물고기 한 마리

돌 속으로 헤엄쳐 들어가

제 몸 부비며 길을 낸다

우주가 가볍게 몸 틀고 있다

—「석림(石林)에서 길을 잃다」 전문

이 시의 특징은 돌의 물질성이 어떻게 물로 전화되어 가는지를 보여주는 데에 있다. 또는 역으로 물의 물질성이 어떻게 돌의 질료성을 끌어들이고 있는지를 보여주는 데에 있다. 제목으로 볼 때 시적 대상은 돌, 즉 '석림(石林)' 이다. 그런데 시인은 이 돌에서 물의 물질성을 발견한다. 돌이 물로 보이는 것이다. 그것은 물의 질료성에 사로잡힌 자의 시선에 의해 발생하는 환상(幻像)이다. 돌의 결들은 바로 물결로 일렁인다. 그런 점에서 물의 질료성에 침잠해 들어간 시적 화자의 고집스런 경향성을 이 시는 보여주고 있다.

그러나 이 시의 가장 중요한 특징은 돌에 구현된 물의 속성이다. 그것은 돌의 질료성에 물의 질료성이 결합돼 발생하는 신이(神異)의 표징에 들어있다. 그 점에서 이 시에서 말하고 있는 "물고기 한 마리//돌 속으로 헤엄쳐 들어가//제 몸 부비며 길을 낸다"는 것은 단순한 환상이 아니라 물질의 근원에 대한 통찰에 의해 발생하는 '성현(聖顯)' 이다. 그 과정은 이렇다. 우선 시적 화자는 물질의 경도, 거칠음, 항구성 등의 돌의 질료성에서 성스러움을 느낀다. 위풍당당한 바위, 호방하게 서 있는 화강암 덩어리만큼 그 힘의 충만함에서 가장 직접적이고 자립적이며, 가장 고귀하고 두려운 것은 없다. 돌은 무엇보다 썩지 않고 영원히 제 존재성을 드러내고 있음으로 인해 시적 화자에게 사자(死者)의 영혼도 흩어지지 않고 무한히 존속할 수 있음을, 즉 '죽음' 으로부터 존재를 지켜주는 속성을 지니는 것으로 내면화된다.

일찍이 R. M. 릴케는 돌의 이러한 신성성을 직관적으로 알았는지 그의 시에서 "빛은 언제나 돌 속에 숨어 있다"고 말한 바 있다. 빛이 갖는 찬란함과 고귀함, 더 나아가 신성함이 무생물인 돌 안에 들어있다고 봄으로써 돌이 갖는 상징성을 풍부하게 만들었다. 릴케에게 돌이 은은한 빛을 내뿜는 영적 존재라면, 황구하에게 돌은 살아 움직이는 수생적(水生的) 존재로 현신한다. '물은 언제나 돌 속에 숨어 꿈틀대고 있다' 라는 것이 황구하의 시적 전언인 것이다.

실제로 황구하에게 물은 무엇보다도 한가운데에 존재하는 물질이다. 물은 원천이자 기원이며 존재의 모든 가능성의 모태다. 물은 무정형과 잠재성의 원리이자 모든 우주적 현현의 기초이며 모든 싹의 저장소로서, 모든 형태가 발생되는 원초적 물질을 상징한다. 때문에 그녀가 모든 물질의 원초적 질료로서 물의 속성을 직관했다면 바위가 용솟음친 형태에서 물의 길과 내음새를 보고 맡는 것은 너무나 자연스러운 행위이다. 그것은 인간 존재의 심원한 인식에 접어드는 것으로, 즉 수신이 다스리는 세계에 접신되는 것으로 사물의 현상에 매이지 않고 표피를 넘어 본질을 보는 것에 해당한다.

특히 죽음과 관련지어 본다면 그녀의 의식 속에서 물은 사자(死者)의 목마름을 달래주며 사자를 용해시켜 새로운 존재로 재생시키는 원초적 물질로 인식되고 있고, 돌은 앞에서 말한 것처럼 죽음을 이겨내는 강인한 물질로 인식됨으로써 삶과 죽음의 본질적이고도 우주적인 드라마를 보여줄 수 있게 되는 것이다. "우주가 가볍게 몸 틀고 있다"는 표현이나 제목에 나타난 "길을 잃다"는 표현도 이러한 물의 우주적 속성을 가리키는 말일 것이다. 더 나아가 민속학자 M. 엘리아데가 "재생에 대한 신화들 중에 가장 잘 어울리는 수생적 요소는 지극한 풍요로움의 상징인, 또는 현명함의 상징인 물고기"라고 말한 점을 생각한다면 본능적으로 황구하 역시 돌과 물의 결합을 통해 물고기를 부조(浮彫)해내는 데서 그러한 경향성을 확인할 수 있다. 즉 물의 질료성을 통해 인간 존재의 갈망을 달래보고자 하는 것으로 볼 수 있는 것이다. 이 시는 물과 돌의 질료성이 갖는 신성성을 통해 인류의 비원(悲願)이라 할 수 있는 삶과 죽음의 문제를 유장한 상상력으로 풀어내고자 한 것으로 이해할 수가 있는 것이다.

그런 점에서 물의 물질성이 다양하게 솟구치는 다음과 같은 시들은 거의 같은 맥락에서 이해해도 무방하다 할 것이다.

저 검은 몸속 어디

하늘로 가는 길 은밀히 뚫어 놓았나

여의주 문 물고기 한 마리

지금 막 헤엄쳐 나간 게 분명하다

시리디시린 하얀 비늘들

저리 환히 쏟아지는 걸 보면
—「벚꽃 진다」 전문

난생 누대의 뿌리로부터
피가 돌고 있었던가
투두둑 터져 나오는 꽃알 꽃알 몽우리

세상 모든 꽃의 자식들
지느러미 살랑이며 돌아오고 있다

아무것도 먹지 않아도 크음큼 배가 부른 여자
—「박태기나무」 부분

먼저 위의 시 「벚꽃 진다」에서 시적 화자는 벚나무와 꽃잎을 통해서 물의 흐름, 물의 냄새를 느끼고 있다. 물은 "여의주 문 물고기 한 마리"로 변신하여 벚나무 안에 깃들어 있다가 승천하기 위한 고통의 흔적으로서 비늘, 즉 '꽃잎'을 쏟아내고 끝내 가야할 곳인 "하늘로 가는 길"로 들어선다. 이때 물은 풍요와 현명함의 상징인 물고기로 정령화된다. 물의 질료성이 갖는 원초성과 신성성이 나무 둥치와 꽃잎의 이미지를 통해 돋을새김되고 있는 것이다. 아래 「박태기나무」 시 역시 이 점은 마찬가지다. "세상 모든 꽃의 자식들/지느러미 살랑이며 돌아오고 있다" 에서 볼 수 있듯이 나무의 물질성은 물의 정령인 물고기로 화하여 물의 질료성 안으로 수렴되고 있다. '지느러미' 라는 활동성과 유연성이 꽃의 환함과 생명성에 결합되면서 나무의 존재성은 성스러움으로 표출된다. 이때 나무는 물이 서 있거나 솟구치는 형상적 존재인 것이다.

나무에서 물의 발견은 물의 상상력에 사로잡힌 황구하 시인에게는 너무 흔한 이미지라 할 수 있다. 그녀의 이번 시집에서 이 시들 말고도 여러 편에 이러한 내용들이 나타난다. 가령 "옹이를 열어젖힌/굽은 등걸 속 둥근 물결/거침없이 흘러나왔다"(「바다로 가는 나무」)나, "가만히 손을 내려놓고/천 년 느티나무 그윽하게 젖 물리고 있는/봉황대 한참 마주하자니/그 벌레, 제 몸 밀고 밀어/손등을 내려가고 있었다/낮게 낮게 나를 끌고 가고 있었다"(「젖무덤」) 등의 표현은 나무의 물질성이 물의 질료성으로 가득 차 있음을 보여주고 있는 것들이다. 나무 자체에서 물이 흘러나오거나 나무가 젖을 먹어 물로 풍성해진다. 결국 나무는 물로 가득한 존재인 것이다. 그러면서 이 시들 속에서 나무 역시 물의 물질성이 갖는 신성성을 이어받아 성스러운 존재가 된다.

일반적으로 나무가 성스럽게 되는 것은 나무의 형상에 의해서라고 말한다. 즉 나무가 수직적 모습을 지님으로써 인간에게 초인간적인 현실을 표명해 보이기 때문이다. 또한 가을 되어 그 잎을 잃어버리고 봄이 되어 잎을 회생시키기 때문에 나무는 죽음을 이겨내는 존재로 성스러움을 표상한다. 그런데 이러한 나무의 표상은 황구하의 시에서도 간취되지만 나무의 본질적 속성보다는 나무에 깃들어 있는 물의 물질성, 즉 물의 정령에 의해 나무는 성화(聖化)되고 있음을 볼 수 있다. 이는 세계의 모든 사물에 물의 물질성을 삼투시켜 물이 갖는 광휘와 의미를 생생하게 불어넣는 황구하의 고유한 시적 의식에 의해 발생하는 것이라 볼 수 있다.

그 점에서 앞의 시 「목어」에서 "꿈꾸는 것들은 비린내가 난다"는 표현도 어디에 기반해 있는지를 짐작할 수 있게 된다. '목어'야말로 황구하의 시적 상상력이 가닿은 궁극적 지점의 물의 정령, 바로 나무 물고기임을 알 수 있는 것이다. 그 물의 정령은 언제나 생의 본질적 국면을 추구하기에 실존의 상태가 충만할 것은 불문가지. 때문에 '비린내'는 생의 본질로서 삶의 활동이 가장 왕성한 상태, 생명과 존재의 표지로서 생의 원초성이 가장 활발하게 드러나는 상태임을 알 수 있는 것이다. 즉 실존의 의미가 가장 성스러운 단계로 육박해 들어가는 상황임을 상징하고 있는 것이다. 따라서 비린내를 풍길 수 있는 꿈꾸기는 황구하에게 생의 실존적 표지로서 일상의 무의미함을 파괴하고 존재의 성화를 통해 세계의 성화를 추구하는 강인한 기투행위(企投行爲)인 것이다.

## 붉은 달, 그 이데아에 대한 그리움

따라서 꿈꾸기는 황구하 시인에게 삶의 본질적 요소가 된다. 이 점은 꿈꾸기의 의미와 비린내의 의미가 아직 다 해소되지 않은 점이 남아 있음을 알려주는 부분이기도 하다. 황구하의 시는 물길을 뿜고 뿜어 하늘에 닿고자 하나 인간의 상상력으로 가닿는 지점은 언제나 허망한 무지개빛 환상으로 돌아올 뿐, 그 실체를 잡기는 요원해 보임을 의식하고 있다. 그녀 시가 이번 시집에서 애타게 찾는 이상향에 대한 동경과 갈망은 물의 물질성을 좀 더 지고한 위치의 상으로 투사해보는 것에 지나지 않는다. 가령 "저 붉게 타는 노을/바람의 주소지 찾아/무릉무릉 길을 묻는//대체 무릉역이 어디냐"(「무릉역」)는 탄식은 무릉도원에 대한 갈망을 표현하고 있는 것으로 황구하의 시가 추구해온 물의 길 끝에 있을법한 영원한 이상향, 다시 말해 존재의 본질과 실재를 그대로 지니고 있으며 이를 영적으로 완성시켜주는 이데아의 세계에 대한 그리움을 환기시켜준다.

그런데 그녀의 시는 놀랍게도 물의 물질성에 사로잡혀 있으면서도 이데아에 대한 갈망으로 인해 매우 목말라하고 있는 양상이다. 시적 화자는 물속에서 물의 화신으로 존재전환을 꾀해보지만 물의 정령은 어느새 남의 현실, 저만큼 시적 화자와 애절한 거리를 드러낸다. 물의 장엄함은 저만큼 떨어져 있는 모호한 실체일 뿐 일상적 현실에 서 있는 시적 화자에겐 간절한 바람으로 주어질 따름이다. 그것이 잘 드러나는 시가 다음과 같은 아름다운 한 편의 작품이 아닐까?

강이나 바다나 호수나
물에 뜬 달은
마음을 끌고 간다

봄, 여름, 가을, 겨울
어두운 하늘을
한 꺼풀 한 꺼풀 벗겨내며
물의 경전으로 필사하는 동안

누구도 읽어내지 못한
속내를 환히 드러내고
하늘과 물결 사이
빗자루 자국 선명한 몸으로
흐느적흐느적 헤엄쳐 간다

그곳이 어디든
마지막 어둠까지 다 내려놓고
또 다른 몸에 스미어
한 몸을 이루는
허공의 달
환한 그림자를 끌고 간다

강이나 바다나 호수나
물에 뜬 달은
캄캄한 세상을 끌고 간다

—「물에 뜬 달」 전문

물의 물질성을 따라가다 보면 자연스럽게 물은 지고성의 경계에서 그 자취를 감춘다. 물은 흘러흘러 아래로 내려가지만 하강이 곧 영원한 세계로 초월하는 역설을 보여주는 것이다. 그 점에서 이 시는 물이라는 질료성이 갖는 역설을 통해 시인이 간절히 원하는 형이상학에 대한 그리움을 담고 있다. 즉 물이 '달' 이라는 천상적 존재로 구체화되면서 영원한 실재에 대한 그리움을 담아내고 있는 것이다.

그런데 문제는 물의 신성성을 유형화해내는 이데아로서 달의 형상은 물 위에 뜬 모습, 다시 말해 물속에 잠겨 얼룽거리는 형상으로 그 실체를 진실되게 볼 수 없다는 점이다. 진리의 불가시성은 물속에 뜬 달이라는 모호한 가시성을 통해 암시될 뿐이다. 그런 점에서 "물에 뜬 달은/마음을 끌고 간다" 에서 볼 수 있듯이 시인의 마음을 붙잡아 눈을 뗄 수 없게 하여 목마름을 유발한다. 이데아는 물 위에, 물속에 일렁대며 그 아련한 빛을 뿌려대지만 "누구도 읽어내지 못한/속내(만)를 환히 드러" 낼 뿐이다. 시적 화자는 도달할 수 없는 거리에 서서 그것을 바라보게 되는데, 이때 물속의 달은 천상의 달, 즉 "허공의 달" 마저 "환한 그림자" 로 만들어 "끌고 가" 고, 시적 화자가 머무는 "캄캄한 세상" 마저 끌고 가는 강인한 추동력을 보여준다. 이는 그만큼 달에 대한 시적 화자의 그리움이 강렬하다는 것을 의미한다. 그러나 시적 화자의 가슴에 남는 것은 그 이데아가 뿌리는 빛의 요요(夭夭)함과 물의 일렁임, 또는 차가움이다. 달은 물의 영역

저편에 있어 아픈 대상이 된다. 물의 신이 달이라는 정령을 토해내 새로운 일체를 보이지만 가닿을 수 없는 아득한 거리감을 시적 화자에게 남기는 것이다.

그렇다면 그녀의 시에서 달은 무엇인가? 신화적 상상력에 따르면 달은 물의 물질성과 동일하다. 달의 리듬과 물의 리듬은 똑같은 모든 형태의 주기적 출몰을 지배하며 만물 생성에 순환적 구조를 부여하기 때문이다. 그렇지만 물은 리듬에 따르고 발아력이 있는 것으로 인해 달에 의해서 지배된다고 본다. 이는 달이 물의 물질성을 부여하고 그 가치를 창출해낸다는 뜻이다. 황구하의 시에서 달은 물속에 있지만 상상력의 논리로 보자면 물의 모태가 되어 달의 저수지로부터 물이 흘러나오는 것으로 생각할 수 있다. 달이 물의 물질성의 핵이 되는 부분으로 볼 수 있는 것이다. 때문에 달 역시 모든 풍요의 근원인 동시에 변형에 의한 풍요, 재생, 불사의 힘을 갖는다. 이로 인해 모든 영원한 것은 달의 저쪽에 있다고 말할 수 있다.

더 나아가 달은 모든 생물을 지배하며 사자(死者)의 확실한 안내자라는 것 때문에 모든 운명을 짜게 된다고 볼 수 있다. 신화 속에서 달이 거대한 거미로 그려지는 것은 짠다는 행위를 통해 운명짓는 것과 다양한 현실을 하나로 결합시키는 것을 의미할 뿐만 아니라, 창조하는 것, 마치 거미가

자신의 몸에서 거미줄을 만들 듯이, 스스로의 실질에서 창출하는 것을 의미하기 때문이다. 황구하의 시에서도 달이 모든 대상을 '끌고' 가는 것은 이 모든 것들에 대해 새로운 운명을 부여하는 것을 의미한다. 즉 물의 질료성에서 달의 상징성으로 나아가 물의 물질성에 사로잡힌 대상들의 운명을 보다 높은 차원에서 계시해 보여주는 것이다.

그런 점에서 이 시에서 달은 상대성과 무방향성에 의해 야기된 긴장과 불안에 종지부를 찍기 위해, 다시 말해 절대적인 의지점을 제시하기 위해 인간 존재에게 마련된 징표다. 이데아의 존재 자체로 삶의 무의미와 황폐함을 이겨내는 힘을 받아내게 하고 제 안에서 그 힘을 만들어낼 수 있게 하는 힘의 원천인 것이다. 그 점에서 달의 상징성을 다루는 황구하의 시는 성스러운 예술적 기투행위다. 우리는 성스러운 예술은 가시적인 것을 수단으로 하여 불가시적인 것을 재현해 낸다고 믿기 때문이다.

이 점과 관련하여 송나라의 평론가 엄우의 말은 많은 시사점을 준다. 그는 『창랑시화(滄浪詩話)』에서 "시라는 것은 성정을 읊조리는 것이다. 성당(盛唐)의 여러 시인들은 오직 흥취(興趣)에 주안을 두어, 영양이 뿔을 거는 것과 같아 자취를 찾을 수 없다. 그런 까닭에 그 묘한 곳은 투철하고 영롱하여 꼬집어 말할 수가 없으니, 마치 공중의 고리와 형상속의 빛깔, 물속의 달, 거울 속의 형상과 같아서, 말은 다함이 있어도 뜻은 다함이 없다."고 하였다. 시의 지고함과 오묘함을 여러 형상에 빗댄 것인데, 시적 이데아의 흔적으로 들고 있는 '물속의 달'이 기이하게도 황구하의 시적 발언과 딱 들어맞아 그녀의 시가 예사롭지 않음을 알게 한다. 깊은 철학적 사색과 심미적 관찰 속에서 이러한 이미지가 만들어졌음을 짐작케 하는 대목이다.

때문에 이런 물속의 달 이미지가 곧바로 시 쓰기의 문제로 황구하의 시에서 전이되는 것은 당연하다. 황구하에게 이데아의 추구는 시적 기투행위로 곧잘 소환되는 것이다. 다음 시가 이를 잘 보여주고 있다.

닻줄 풀어 시 물결꽃 피우던

칠월 열엿새

앞사람 그림자

출렁출렁 내게 흘러와

일생에 꼭 한번

푸른 물에 장대붓 적시라 한다

낙강 물굽이에

배냇짓하는 붉은 달

둥둥 띄워놓고서

푸른 물에 장대붓을 적시라 한다

—「낙강범월시를 받다」 전문

이 시의 핵심은 강 위에 뜬 달이 갖는 상징성을 시적 내용으로 표현해 보는 것에 있다. 그것의 행위가 얼마나 고귀하고 절대적인 일이 되는가는 "일생에 꼭 한번/푸른 물에 장대붓 적시"는 행위에서 간취할 수 있다. 시 쓰기는 일생을 걸만큼 공들여 장대붓을 들고 물 위에 떠 있는 붉은 달의 신비로움과 지고성을 그려내는 일인 것이다. 때문에 시 쓰기는 존재의 본질이 포착된 순간, 그 거대한 진리와 아름다움을 표현해내지 않으면 안 되는 일이 된다. 그것은 온힘을 다하여 기다리는 자만이 할 수 있고, 붉은 달을 볼 수 있는 선

택된 자만이 할 수 있는 일이다. 「낙강범월시를 받다」란 시를 쓸 수 있음으로 황구하는 천상 시인이 된다. 그것도 달의 저편에 있는 본질로서 이데아의 실체와 그 향기를 제 나름으로 "받"아 적을 수 있는, 즉 포착해 그려낼 수 있는 한 영적 매개자로서 그 존재성을 드러낸다.

시인의 주석에 따르면 실제 '낙강범월시(洛江泛月詩)' 는 1196년 이규보로부터 1862년 류주목에 이르기까지 열린 「낙강시회」 문인들의 시집을 가리킨다. 이 해설을 통해 볼 때 낙강에 뜬 달을 두고 많은 시인들이 시를 써오고 있음을 알 수 있다. 그들에게 공통적인 모습은 이 낙강 위의 달을 시로 쓰지 않고는 견딜 수가 없었다는 점일 것이다. 그것은 바로 '시마(詩魔)' 에 붙들린 자의 시 쓰기를 보여준다. 시마에 들려 살아갈 수밖에 없는 생의 한 모습을 이 시집은, 그리고 황구하의 시는 보여주고 있다. 그것은 피할 수 없는 운명의 모습이 이들 시와 황구하의 시 속에 면면히 이어져 오고 있음을 말해주는 것이라 할 수 있다.

이는 놀랍게도 이 시회를 처음 연 이규보의 말에서 파악된다. 고려 후기 대시인 이규보는 일찍이 시마에 붙잡힌 심정을 다음과 같이 피력하였다. "네가 오고부터 모든 일이 기구하기만 하다. 흐릿하게 잊어버리고 멍청하게 바보가 되며, 주림과 목마름이 몸에 닥치는 줄도 모르고, 추위와 더

위가 몸에 파고드는 줄도 깨닫지 못하며, …〈중략〉… 재산이 많고 벼슬이 높은 삶을 업수이 보며, 방자하고 거만하게 언성을 높여 겸손치 못하며, 면박하여 남의 비위를 맞추지 못하며, 여색에게 쉬이 혹하며, 술을 만나면 행동이 더욱 거칠어지니, 이것이 다 네가 그렇게 시킨 것이다."(「구시마문(驅詩魔文)」) 이 글은 그가 시를 짓지 않고는 못 배기게 하는 힘이 있음을 말하고, 그것을 '시마'라고 칭하면서 시마에 사로잡힌 자신의 운명을 말하고 있는 것이다. 대시인이 고뇌하는 표정으로 '시마를 내쫓기(驅詩魔)' 위해 이와 같은 말을 하는 척하나, 실은 시마에 붙들린 생의 기꺼움과 자랑스러움을 역설적으로 표현하고 있는 것에 해당한다. 이 점은 황구하의 시적 글쓰기에도 그대로 배어들어 있다고 말해도 과언이 아니다. "일생에 꼭 한번/푸른 물에 장대붓 적시라 한다"는 표현은 하늘에서부터 타고난 자의 기상과 포부를 은연중 드러내면서 시 쓰기가 얼마나 생의 큰 깨달음과 실천인지를 온몸으로 보여주는 것이라 할 수 있다.

때문에 이번 황구하의 시집은 시마에 물든 자의 특색을 보여준다. 시를 쓰지 않고는 배겨낼 수 없는 귀신에 씌여 보다 지고한 세계로 나아가기를 꿈꾸고 있는 것이다. 그 점에서 앞서 "꿈꾸는 것들은 비린내가 난다"는 시적 전언은 여기서 한 단계 더 깊은 의미로 심화된다. 즉 귀기에 물든 상태의 속성을 암시함으로써 비린내는 단순히 물의 질료성에 발생하는 감각에서 벗어나 우주적, 초시간적 존재가 가질 수밖에 없는 생의 떨림이라는 육감적 감각으로 확장되는 것이다. 시혼(詩魂)의 계보에 선 황구하의 시에서 꿈꾸기와 비린내는 결국 시마에 들려 귀기를 풍기는 냄새라고나 할까.

이데아의 표상으로서 달에 대한 염원은 그녀의 시집에서 민감한 혼의 문제로 주조된다. 가령 "꿈결에 터지도록 꽉 차오른 달/이마에서 자꾸만 출렁거린 달/손가락 끝에서 톡 튕겨 올라/저쪽 산자락까지 날아가는 것이다/귀한 것들은 오래 머물지 않아/항상 손으로 만져보기도 전에/달아나고 마는 것/울면서 부르던 이름, 그래서 가슴속에/둥지 틀어주는 것"(「달맞이꽃」)이라고 노래하고 있는 것도 달이 달아나고 사라져 울면서 부르던 간절한 이름이 되는 것으로 그려져 시적 화자의 혼에 맺힌 존재로 기능하고 있음을 보여주는 것이다. 특히 이 시는 결코 적실 수 없는 시원(始源)에 대한 그리움을 암시함으로써 달이 물의 물질성과 함께 시적 화자에게 쉽게 다가갈 수 없는 이데아의 특성을 상징함을 여실히 보여주고 있다. 또 다른 시 "시월 상강 밤하늘/초승달 미늘 홀쩍 던져지자" (「귀뚜라미」)에서도 달은 미늘, 즉 바늘로 치환되어 물의 물질성을 대변한다. 미늘은 물고기를 낚는 바늘이자 물고기의 비늘을 잡아채는 도구로 비늘 그 자체를 암시한다. 초승달에서 비록 뾰족함의 형상을 통해 바늘을 발견하고 있지만 물의 질료성에 수렴되어 미늘은 비늘의 형상으로 전치되면서 하늘에 뜬 영원한 이데아의 이미지를 질서화하고 있다. 그 점에서 이 시도 혼의 끌림을 표현하고 있다.

## 상징의 창출과 영성의 추구

그렇다면 왜 시인은 물과 달에 민감하고 그것을 혼의 문제로 추구하는 것일까? 그것은 바로 인간 존재의 유한성의 문제를 물과 달의 질료성으로 풀어보는 것, 그리하여 혼의 승화를 통해 이 세계와 통합돼 가고자 하는 것, 범아일여(梵我一如)의 깊은 철학적 진리를 은연중 달성하고자 하는 것이라 할 수 있지 않을까. 초월의 심리를 물과 달의 질료적 특성을 통해 적용해보고, 달의 상징성을 통해 얻고자 한 것이라 할 수 있는 것이다.

그런 점에서 다음과 같은 시는 이데아에 대한 존재의 본질적 그리움을 물과 돌의 물질성을 통해 잘 드러냄으로써 혼의 갈망을 적절히 풀어낸 시라고 할 수 있다.

캄캄한 생 건너
환한 바다에 닿을 때까지
세세연년, 저 독한 묵언수행으로
결가부좌를 이루었으리라

〈중략〉

돌도 오래 살면 법문이 되는가

—「돌거북」 부분

이데아에 대한 그리움이 이만큼 직설적으로 표현된 시도 드물 것이다. "캄캄한 생 건너/환한 바다"는 이미 앞서 본 "물에 뜬 달"만이 갈 수 있다. 시적 화자는 그것을 지켜보기만 할 뿐이다. 대다수 중생들은 이 사실조차 알지 못한다. 그런데 시의 내용으로 볼 때 돌거북은 '결가부좌'를 틀고 이를 달성하고 있는 것으로 보인다. 결가부좌 자체가 하나의 영원성을 획득하는 방법, 즉 오랜 세월 존재의 본질을 갈고 닦음으로서 영성을 획득하는 방법으로 그려지고 있기 때문이다. 따라서 "돌도 오래 살면 법문이 되는" 진리를 이런 저간의 사정을 알고 있는 시적 화자는 발견할 수 있는 것이다.

때문에 시적 화자는 돌거북과 같은 존재가 되기를 꿈꾼다. 돌거북은 이 시에서 신성한 존재다. 이 시에 와서 숭배는 물질로서의 돌의 특성에 그치는 것이 아니라, 돌에 생명을 부여하고 있는 영(靈)에, 돌을 신성화하고 있는 상징에 그 숭배의 속성을 확산시킨다. 돌은 영적인 힘의 흔적을 띠고 있기 때문에 더욱 신성하게 되는 것이다.

이 점과 관련하여 시는 혼과 관련된 상징의 탄생으로 나아간다. 그 상징은 물론 초월에의 갈망을 담는 그릇이다. 실제로 초월에로 향하는 출구가 있음으로써만 우리들 삶은 가능해진다. 달리 말하면 인간은 카오스에서는 살 수 없는 것이다. 일단 초월과의 접촉이 상실되고 나면 세계 속에서의 생존은 가능성을 잃는다. 상징은 바로 이러한 초월의 의미를, 기능을 실현한다. 그 점에서 상징의 창조와 수용은 앞서 보았던 성스러운 예술적 행위인 것이다. 황구하의 시는 바로 이런 점에 모든 시적 동력이 작동한다. 그녀의 시는 혼의 갈망을 달래주기 위한 상징 형식의 창출로 치달아간다. 물과 달, 돌의 시편들이 이러한 상징 형식의 웅숭깊은 내용들이다. 그 외 다음 시들도 바로 그와 같은 역할을 한다.

꼰닙, 꼰닙, 꼰닙, 신명나서 불렀네
입안 가득 침이 고여

봉실봉실 꽃몽우리들
꽃잎 꽃잎 꽃잎 열어젖히기 바쁜데
나도 흠뻑 젖어 흐른 적 있다고
첨벙, 보름달 꿀꺽 삼킨 적 있다고
물, 무울 두어 번 불러주면
몸 안에 범람하는 마음 툭 터져
가슴엔 듯 눈엔 듯 또 핏줄엔 듯
도른도른 흐를 거라며
마당 한 구석 뚜껑 덮인 우물
새초롬히 어둠을 견디고 있네

—「꼰닙, 하고 불렀네—영랑생가에서」 부분

읽던 장자를 덮고 내리 사흘째
감기몸살에 취해 꿈속으로 미끄러진다

지나온 길 다시 걷고 넘어진 곳에서 또 넘어진다 만났던 사람 다시 만나고 흘렸던 눈물 또 뜨겁다 내가 전생을 다시 훑고 있는가 아니 저승의 아스라한 길 달리는 것인가 몇 생 전 불던 바람 오늘 또 휘청휘청 불어와 후줄근히 비에 젖는다 저 비바람은 나를 붙들어 매고 어디로 또 흘러가는가 한바탕 꿈, 언젠가 똑같이 꿈꾼 적 있는

꿈결의 생 떠돌다

허위허위 날아드는 나비떼

—「꿈꾸다, 꿈」 전문

「꼰닙, 하고 불렀네—영랑생가에서」의 시는 시혼과의 교감을 주된 시의 특색으로 삼고 있다. 시 안에서 부르는 대상, 영랑과의 교감이 그것인데, 그런데 이 시는 놀랍게도 "나도 흠뻑 젖어 흐른 적 있다고/첨벙, 보름달 꿀꺽 삼킨 적 있다고" 달과 물의 상징성을 통해 시혼의 의미를 포착하고 있는 것이다. 이는 달과 물이 시혼의 넘나드는 통로임을, 그리고 그 통로에 시적 화자의 귀가 열려있음을 의미한다. '우물' 로 동일시된 시적 화자가 영랑의 시혼과 교류함으로써 시적 가치를 획득하여 영성의 세계를 꿈꿀 수 있게 됨을 보여주는 것이다. 아래 시 「꿈꾸다, 꿈」 또한 이 점은 마찬가지다. 이 시는 장자의 나비 꿈에 의탁하여 생의 무상함을 읊조리고 있다. 나비의 꿈은 생의 본질에 대한 탐구로 나아가게 하는 계기인 것인데, 여기서 두 가지 감정을 갖게 된다. 하나는 존재의 처연함, 다른 하나는 존재의 성스러움 발견이 그것이다. 이 두 가지 감정은 내적 맥락에서 일치하여 모두 존재의 완전성을 추구하는 간절한 염원으로 수렴된다. 시는 존재의 새로운 탄생에 대한 이미지의 갈망으로 구체화되는 것이다.

그리하여 마침내 존재의 간절한 비원은 이 세계의 무(無)를 의지하여 아름다운 상징을 만들어내는 것 자체에 있음을 다음 시는 보여준다. 황구하는 이 시를 통해 구체적 현상을 통해 삶의 비의(秘義)를 담아내는 시적 직관을 얻게 된 것이라 할 수 있다.

> 여름내 호박넝쿨 담을 넘더니
> 옆집 고욤나무 가지에
> 호박 한 덩이 매달아 놓았다
>
> 하늘과 땅 어디에도 기울지 않고
> 비바람에도 아랑곳없이 허공에 얹혀
> 흔들며 흔들리며 나아간다
>
> 한걸음 뒤로 물러서다가
> 짐짓 다시 한번 더 바라보는데
> 좀체 서두르지도 않는다
>
> 둥글게 둥글게 힘을 그러모아

하늘은 저렇게 땅을 디딘다

—「둥근 힘」 전문

이 시에 그려지는 "둥근 힘"의 실체로서 호박은 허공에 그 둥지를 틀고 있다. 존재 자체가 무(無)에 기반을 두고 유(有)를 이루는 도저하고 신비한 진실을 이 호박의 형상은 그대로 보여주고 있는 것이다. 아니 호박이 갖는 이 존재의 치명적 진실을 시적 화자는 발견하고 있다. "비바람에도 아랑곳없이 허공에 얹혀/흔들며 흔들리며 나아가", 그리고는 "둥글게 둥글게 힘을 그러모아/하늘은 저렇게 땅을 디" 디는 호박이란 존재는 우리 인간 존재의 상징이다. 시적 화자는 식물로서 호박마저도 저 허공 속에 존재의 기틀을 다지기 위해 애를 쓰는데, 의식의 결과 올을 지닌 인간이 존재의 터전을 마련하기 위한 노력을 등한시해서는 안 됨을 저와 같은 시로 표현하고 있다고 볼 수 있다. 그리고 이 상징을 통해 이 지상에 존재하는 모든 존재자는 하늘의 힘을 받아 둥글게 완성되어 가는 성스러운 존재임을 자각할 필요성을 제기하고 있다. 그 점에서 이 시가 말하는 '둥근 힘'은 자아의 완성을 위한 자기 각성이자 온 우주와 소통하는 인식인 것이다. 그것은 거룩한 것으로 초월을 의미하는 것이다. 그 점에서 각성된 인간은 가능한 한 거룩한 것 안에서, 혹은 거룩한 대상들에 가까이 다가가서 살고자 하는 경향을 지녔음을 염두에 둘 필요가 있다. 그에게 거룩한 것이란 곧 '힘' 에 해당하고, 궁극적으로 '현실' 에 해당하기 때문이다. 거룩한 것은 존재(being)로 가득 차 있다. 거룩한 힘은 현실을 의미하며 동시에 영원성과 유효성을 의미한다. 거룩함과 세속의 대비는 종종 현실성과 비현실성 혹은 사이비 현실성 사이의 대립으로 표현된다. 따라서 상징의 내면화를 통한 영성적 인간이 된다는 것은 마음 깊이 존재하기를 소망하며, 현실에 참여하고 힘으로 충만하기를 소망한다는 점을 가리킨다.

황구하가 상징을 창조하고 이데아로의 혼의 비상을 그의 시적 과업으로 추구하는 것은 지금 여기의 현실에서 보다 깊이 존재하고 생명의 힘에 충만되기를 염원하는 것에 해당한다. 그 점에서 다시 「목어」의 "꿈꾸는 것들은 비린내가 난다"는 표현이 더 이상 단순할 수 없음을 보여주는 것이라 할 수 있다. 꿈꾸는 것들은 영원한 삶을 위해 애쓰는 것들로서 생명의 힘이 충만해지는 것을 꿈꾼다고 할 수 있다. 비린내는 따라서 우주적 힘이 가득한 영적 존재성을 드러내는 표지로 볼 수 있는 것이다. 이 지점에 와 황구하의 시를 들여다보면 깊고도 깊어 하나의 시선으로 파악되지 않는다. 여러 겹의 무늬가 중층적으로 맞물리고 엇갈려 그녀 시는 현실과 초현실, 의식과 무의식, 갈망과 고뇌를 역설적이면서도 복잡하게 짜고 있음을 발견하게 된다. 그 미로에 서 있음으로 인해 우리의 어질머리는 더욱 깊어질 것은 당연지사인 것이다. 그리하여 다음과 같은 역설적 인식을 통해 시적 화자는 이 세계와 통합되는 실감을 실지의 형상을 통해 보여준다.

나무는 아래로 아래로 자란다

제 생각 숨기고 제 것 다 버리고

천, 천, 히, 산이 자란다

—「화음」 전문

이 시는 역설을 통한 세계 인식을 드러낸다. 이때 역설은 깨달음이자 간구다. 우주적 자아로 가기 위한 구도의 행위인 것이다. 그것은 이데아에 대한 그리움의 다른 표현인 셈이다. 시적 화자는 나무에 자신을 의탁하여 산이라는 우주적 자아로 초월해 가는 상징을 획득한다. 이 시에서 산이 되어 자라는 형상은 또 다른 존재로의 탄생이다. 즉 영성적 존재로의 재생이다. 그 점에서 이 시는 제목에서도 간취되듯

이 '화음' 이라는 상징을 통해 새로운 존재로의 탄생을 암시하는 출구의 의미를 가지고 있다.

출구는 하나의 존재양식에서 또 다른 존재양식에로의, 하나의 실존적 상황에서 또 다른 실존적 상황에로의 이행을 가능케 하는 것이다. 이행은 모든 우주적 존재를 위하여 예정되어 있다. 태양이 어둠에서 밝음에로 이행하듯이, 인간도 전생에서 현생으로 그리고 끝에는 죽음으로 이행해 간다. 이 모든 이행의 제의와 상징은 인간의 실존에 대한 특수한 관념을 표현하고 있다. 그것은 인간은 태어날 때에 아직 완성되지 못한 상태에 있으며, 두 번째로 영적으로 다시 태어나야 한다는 것, 불완전한 태아의 상태에서 완전한 성인의 상태로 이행해 감으로써 완전한 인간이 된다는 것이다. 한마디로 말해서, 인간 존재는 일련의 통과제의를 통하여 완성에 도달하는 것이다.

황구하가 그리고 있는 상징적 해결은 그런 점에서 실존적 위기를 풀어줄 뿐 아니라 더 이상 임시적이지도 특수적이지도 않은 가치를 향하여 실존이 열리게 만들고, 따라서 인간으로 하여금 개인적 상황을 초월하여 궁극에 있어 정신의 세계에 접하도록 만들어 주는 것이다. 그 점에서 황구하 시가 그리는 시적 지평은 심대하고 웅장한 인간학의 드라마를 보여주고 있다고 말할 수 있다. 우리 모두 바라는 비원을 대신하여 보여주고 있는 것이다. 거기에 눈시울을 적시는 것은 우리 몫이다. 정말 존재의 본질에 충실해 풍기는 비린내로 꿈꿀 수 있다면 얼마나 큰 위로인가. 죽음을 이겨내는 힘을 그녀 시는 내뿜고 있다. 시가 위엄에 가득 찰 수 있다면 바로 이런 경지 아니겠는가. 시인의 건필을 빌어마지 않을 수 없게 하는 부분이다.

## 시인의 말

저 아득한 강물 끝자락에서 동파문(東巴文) 건너왔다. 머리에 화관을 얹은 여자에게 꽃을 건네주는 남자가 나란히 앉아 있는, 나무에 새겨진 그림 알고 보니 사랑한다는 말이란다. 사랑한다는 건 가슴에서 깨어난 꽃잎들 다치지 않게 조심조심 건네주는 것, 건너온 마음 꽃 피워 섬기고 모시는 것, 젖은 이마 어루만지며 뜨거운 눈빛 잇대는 것. 천 년 전, 설산에 내려앉지 못하고 혼몽히 떠돌다 여기까지 건너온 그대, 이제야 처음 세상에 앉히기로 한다.

2011년 새 아침
황구하

물에 뜬 달

2011년 1월 10일 초판 1쇄 찍음
2011년 1월 15일 초판 1쇄 펴냄

지은이 _ 황구하
펴낸이 _ 양동문
펴낸곳 _ 詩와에세이

신고번호 _ 제319-2005-000014호
주소 _ (120-865) 서울시 서대문구 북아현동 1-495 세방그랜빌 2층
대표전화 _ (02)324-7653, 070-8877-7653
팩시밀리 _ 0505-116-7653
휴대전화 _ (010)5355-7565
전자우편 _ sie2005@naver.com
공 급 처 _ 한국출판협동조합
주문전화 _ (070)7119-1741~2
팩시밀리 _ (031)944-8234~6


ISBN 978-89-92470-58-2 03810